училище - l'école	2
пътуване - le voyage	5
транспорт - le transport	8
град - la ville	10
пейзаж - le paysage	14
ресторант - le restaurant	17
супермаркет - le supermarché	20
напитки - les boissons	22
ядене - les aliments	23
селски двор - la ferme	27
къща - la maison	31
всекидневна - la salle de séjour	33
кухня - la cuisine	35
баня - la salle de bains	38
детска стая - la chambre d'enfant	42
облекло - les vêtements	44
офис - le bureau	49
икономика - l'économie	51
професии - les professions	53
инструменти - les outils	56
музикални инструменти - les instruments de musique	57
зоологическа градина - le zoo	59
спорт - les sports	62
дейности - les activités	63
семейство - la famille	67
тяло - le corps	68
болница - l'hôpital	72
спешен случай - l'urgence	76
Земя - la Terre	77
часовник - l'heure	79
седмица - la semaine	80
година - l'année	81
форми - les formes	83
цветове - les couleurs	84
противоположности - les opposés	85
числа - les nombres	88
езици - les langues	90
кой / какво / как - qui / quoi / comment	91
къде - où	92

Impressum
Verlag: BABADADA GmbH, Nedderfeld 112 , 22529 Hamburg
Geschäftsführer / Verlagsleitung: Harald Hof
Druck: Books on Demand GmbH, In de Tarpen 42, 22848 Norderstedt

Imprint
Publisher: BABADADA GmbH, Nedderfeld 112 , 22529 Hamburg, Germany
Managing Director / Publishing direction: Harald Hof
Print: Books on Demand GmbH, In de Tarpen 42, 22848 Norderstedt

училище
l'école

класна стая
la salle de classe

деление
diviser

186/2

черна дъска
le tableau

училищен двор
la cour d'école

учител
l'enseignant

хартия
le papier

пиша
écrire

химикал
le stylo

бюро
le bureau de travail

линеал
la règle

книга
le livre

ученик
l'écolier

ученическа раница

le sac d'écolier

ученически несесер

la trousse

молив

le crayon

острилка за моливи

le taille-crayon

гума

la gomme à effacer

блок за рисуване

le bloc de papier à dessin

рисунка

le dessin

четка

le pinceau

акварелни бои

la boîte de peintures

ножица

les ciseaux

лепило

la colle

тетрадка за упражнения

le cahier d'exercices

домашна работа

les devoirs

число

le chiffre

събиране

additionner

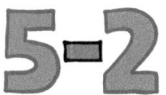

изваждане

soustraire

умножение

multiplier

смятане

calculer

буква

la lettre

азбука

l'alphabet

дума

le mot

училище - l'école

текст

le texte

чета

lire

тебешир

la craie

час

la leçon

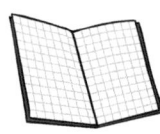

дневник на класа

le cahier de notes

изпит

l'examen

свидетелство

le certificat

ученическа униформа

l'uniforme scolaire

образование

l'éducation

справочник

l'encyclopédie

университет

l'université

микроскоп

le microscope

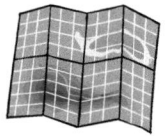

карта

la carte

кошче за хартиени отпадъци

la corbeille à papier

училище - l'école

пътуване
le voyage

хотел
l'hôtel

хостел
l'auberge

обменно бюро
le bureau de change

куфар
la valise

кола
la voiture

език
la langue

да / не
oui / non

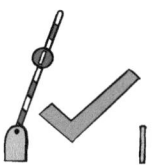

Окей
Okay

здравей
Allo!

преводач
le traducteur

Благодаря
Merci

пътуване - le voyage

Колко струва...?
Combien coûte...?

Не разбирам
Je ne comprends pas

проблем
le problème

Добър вечер!
Bonsoir !

Добро утро!
Bonjour !

Лека нощ!
Bonne nuit !

довиждане
bye bye

посока
la direction

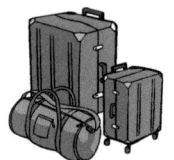

багаж
les bagages

пътна чанта
le sac

раница
le sac à dos

посетител
l'invité

стая
la pièce

спален чувал
le sac de couchage

палатка
la tente

пътуване - le voyage

уристическа информация

le bureau d'information touristique

плаж

la plage

кредитна карта

la carte de crédit

закуска

le déjeuner

обед

le dîner

вечеря

le souper

билет

le billet

асансьор

l'ascenseur

пощенска марка

le timbre

граница

la frontière

митница

la douane

посолство

l'ambassade

виза

le visa

паспорт

le passeport

пътуване - le voyage

транспорт
le transport

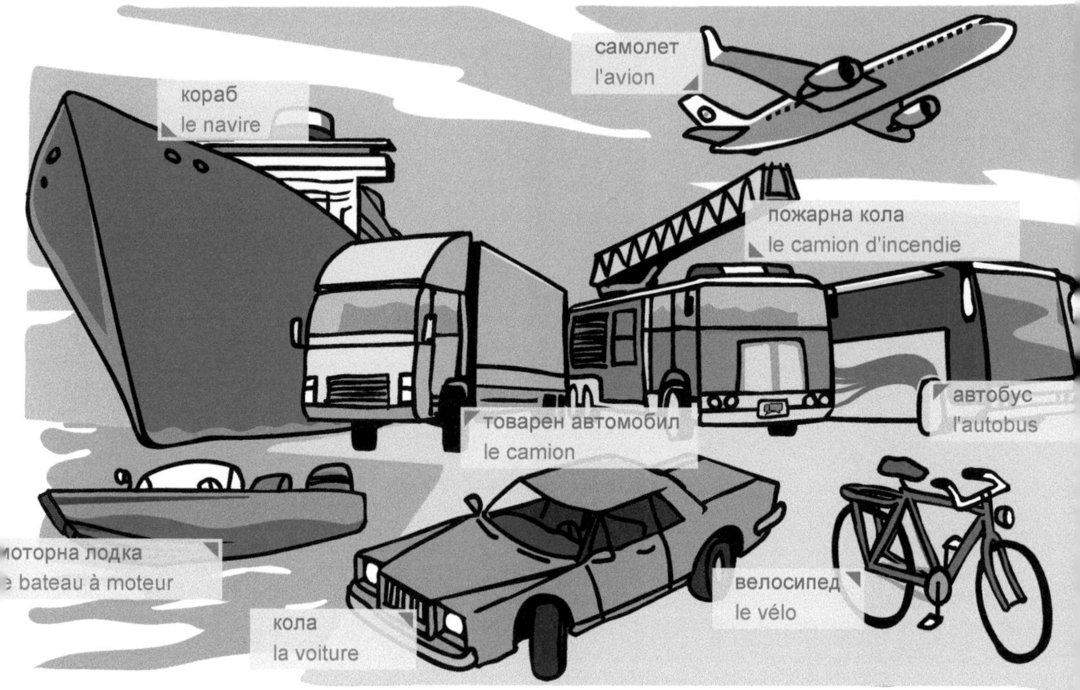

самолет
l'avion

кораб
le navire

пожарна кола
le camion d'incendie

товарен автомобил
le camion

автобус
l'autobus

моторна лодка
le bateau à moteur

велосипед
le vélo

кола
la voiture

ферибот

le traversier

лодка

le bateau

мотоциклет

la motocyclette

полицейска кола

la voiture de police

състезателна кола

la voiture de course

кола под наем

la voiture de location

8   транспорт - le transport

каршеринг

l'autopartage

автомобил от "Пътна помощ"

la dépanneuse

сметовоз

le camion à ordures

двигател

le moteur

бензин

le carburant

бензиностанция

la station-service

пътен знак

le panneau de signalisation

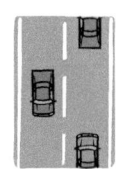

улично движение

la circulation

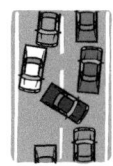

задръстване

l'embouteillage

паркинг

le parc de stationnement

гара

la gare

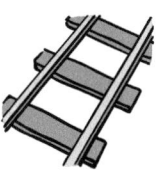

релси

les voies ferrées

влак

le train

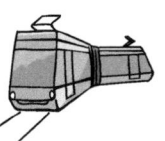

трамвай

le tramway

вагон

le wagon

транспорт - le transport

хеликоптер

l'hélicoptère

аерогара

l'aéroport

кула

la tour

пасажер

le passager

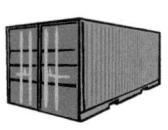

контейнер

le conteneur

кашон

la boîte en carton

ръчна количка

le chariot

кошница

le panier

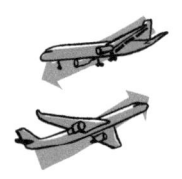

излитам / приземявам се

décoller / atterrir

град
la ville

село

le village

градски център

le centre-ville

къща

la maison

10 град - la ville

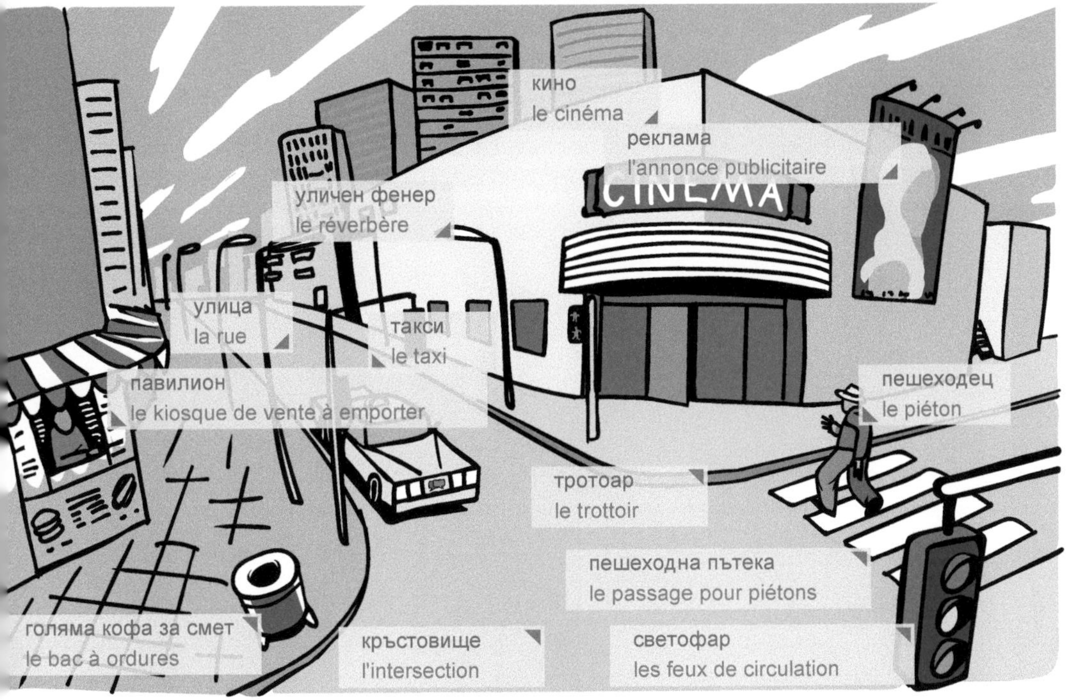

кино
le cinéma

реклама
l'annonce publicitaire

уличен фенер
le réverbère

улица
la rue

такси
le taxi

павилион
le kiosque de vente à emporter

пешеходец
le piéton

тротоар
le trottoir

пешеходна пътека
le passage pour piétons

голяма кофа за смет
le bac à ordures

кръстовище
l'intersection

светофар
les feux de circulation

хижа
la cabane

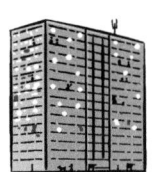

жилище
l'appartement

гара
la gare

кметство
l'hôtel de ville

музей
le musée

училище
l'école

град - la ville

университет
l'université

банка
la banque

болница
l'hôpital

хотел
l'hôtel

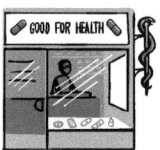

аптека
la pharmacie

офис
le bureau

книжарница
la librairie

магазин за цветя
le magasin

магазин за цветя
le fleuriste

супермаркет
le supermarché

пазар
le marché

универсален магазин
le grand magasin

търговец на риба
la poissonnerie

търговски център
le centre commercial

пристанище
le port

град - la ville

парк

le parc

пейка

le banc

мост

le pont

стълба

les escaliers

метро

le métro

тунел

le tunnel

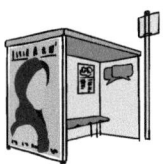

автобусна спирка

l'arrêt d'autobus

бар

le bar

ресторант

le restaurant

пощенска кутия

la boîte à lettres

улична табелка

la plaque de rue

часовник за паркинг престой

le parcomètre

зоологическа градина

le zoo

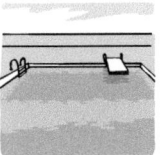

плувен басейн

les bains publics

джамия

la mosquée

град - la ville

селски двор
la ferme

замърсяване на околната среда
la pollution

гробище
le cimetière

църква
l'église

детска площадка
l'aire de jeux

храм
le temple

пейзаж
le paysage

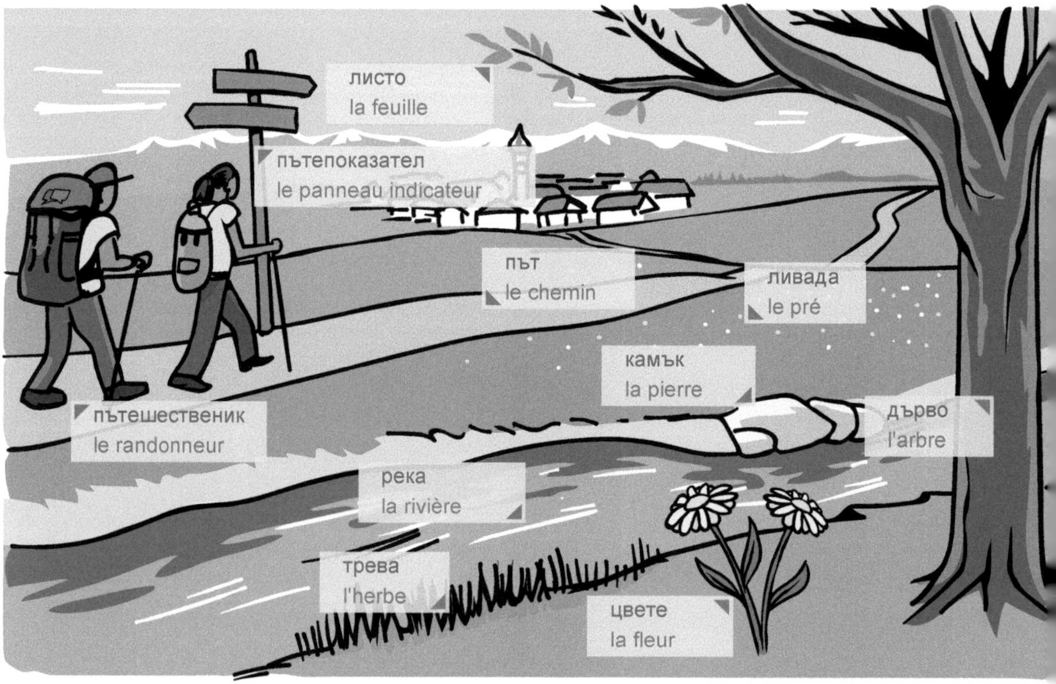

листо — la feuille
пътепоказател — le panneau indicateur
път — le chemin
ливада — le pré
камък — la pierre
дърво — l'arbre
пътешественик — le randonneur
река — la rivière
трева — l'herbe
цвете — la fleur

пейзаж - le paysage

долина
la vallée

планина
la colline

море
le lac

гора
la forêt

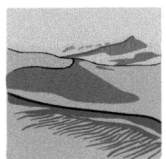
пустиня
le désert

вулкан
le volcan

замък
le château

дъга
l'arc-en-ciel

гъба
le champignon

палма
le palmier

комар
le moustique

муха
la mouche

мравка
la fourmi

пчела
l'abeille

паяк
l'araignée

пейзаж - le paysage

бръмбар

le scarabée

жаба

la grenouille

катеричка

l'écureuil

таралеж

le hérisson

заек

le lièvre

кукумявка

la chouette

птица

l'oiseau

лебед

le cygne

диво прасе

le sanglier

елен

le cerf

лос

l'orignal

бент

le barrage

вятърна турбина

l'éolienne

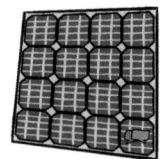

соларен модул

le panneau solaire

климат

le climat

пейзаж - le paysage

ресторант
le restaurant

- келнер — le serveur
- меню — le menu
- стол — la chaise
- супа — la soupe
- прибори за хранене — la coutellerie
- пица — la pizza
- покривка за маса — la nappe

предястие

les hors-d'œuvre

основно ястие

le plat principal

десерт

le dessert

напитки

les boissons

ядене

les aliments

бутилка

la bouteille

бързо хранене

la restauration rapide

улична храна

la cuisine de rue

кана за чай

la théière

кутия за захар

le sucrier

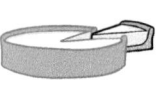

порция

la part

еспресо машина

la machine à expresso

висок детски стол

la chaise haute d'enfant

сметка

la facture

табла

le plateau

ножица за нокти

le couteau

вилица

la fourchette

лъжица

la cuillère

чаена лъжичка

la cuillère à thé

салфетка

la serviette

стъклена чаша

le verre

ресторант - le restaurant

чиния
l'assiette

чиния за супа
l'assiette creuse

чинийка
la soucoupe

сос
la sauce

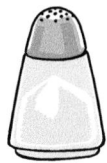

солница
la salière

мелничка за черен пипер
le moulin à poivre

оцет
le vinaigre

олио
l'huile

подправки
les épices

кетчуп
le ketchup

горчица
la moutarde

майонеза
la mayonnaise

супермаркет

le supermarché

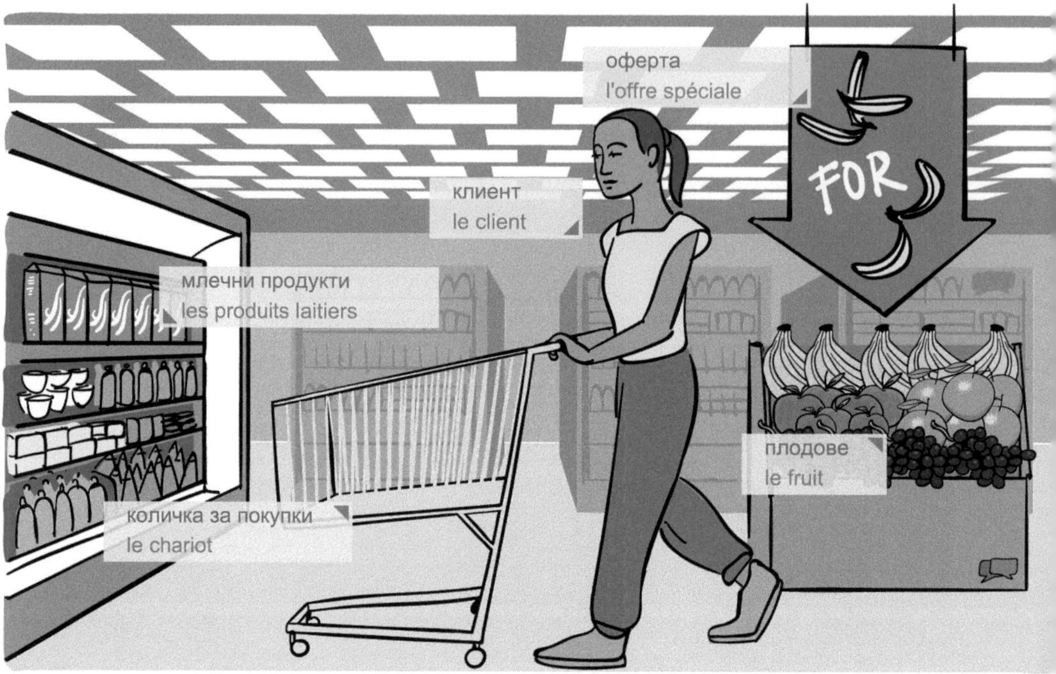

оферта
l'offre spéciale
клиент
le client
млечни продукти
les produits laitiers
FOR
плодове
le fruit
количка за покупки
le chariot

BUTCHERS

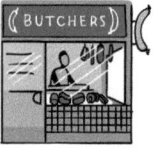

кланица

la boucherie

BAKERY

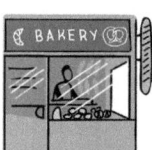

хлебарница

la boulangerie

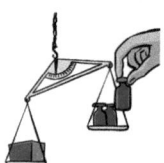

тегля

peser

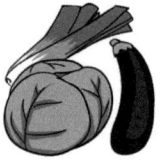

зеленчуци

les légumes

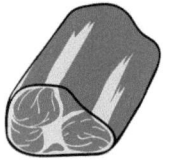

месо

la viande

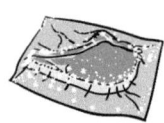

дълбоко замразена храна

les aliments congelés

нарязан колбас или сирене
les viandes froides

консерви
les conserves

перилен препарат
le détergent à lessive en poudre

лакомства
les sucreries

домакински изделия
les produits d'entretien ménager

почистващи препарати
les produits d'entretien

продавачка
la vendeuse

каса
la caisse

касиер
le caissier

списък на покупките
la liste de provisions

работно време
les heures d'ouverture

портфейл
le portefeuille

кредитна карта
la carte de crédit

чанта
le sac

пластмасова торба
le sac plastique

супермаркет - le supermarché

напитки
les boissons

вода

l'eau

сок

le jus

мляко

le lait

кола

le cola

вино

le vin

бира

la bière

алкохол

l'alcool

какао

le cacao

чай

le thé

кафе машина

le café

еспресо

l'expresso

капучино

le cappuccino

ядене
les aliments

банан
la banane

ябълка
la pomme

портокал
l'orange

пъпеш
le melon d'eau

лимон
le citron.

морков
la carotte

чесън
l'ail

бамбук
le bambou

лук
l'oignon

гъба
le champignon

ядки
les noix

макарони
les nouilles

спагети
les spaghettis

ориз
le riz

салата
la salade

пържени картофи
les frites

печени картофи
les pommes de terre sautées

пица
la pizza

хамбургер
le hamburger

сандвич
le sandwich

шницел
l'escalope

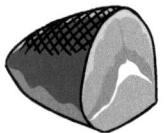

шунка
le jambon

траен колбас
le salami

салам
la saucisse

пиле
le poulet

печено
le rôti

риба
le poisson

ядене - les aliments

овесени ядки

le gruau d'avoine

мюсли

le muesli

корнфлейкс

les flocons de maïs

брашно

la farine

кроасан

le croissant

хлебчета

le petit pain

хляб

le pain

препечена филийка

la rôtie

бисквити

les biscuits

масло

le beurre

извара

le caillé

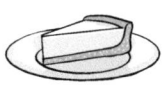

сладкиш

le gâteau

яйце

l'œuf

яйца на очи

l'œuf miroir

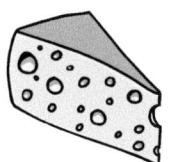

сирене

le fromage

ядене - les aliments

сладолед
la crème glacée

захар
le sucre

мед
le miel

мармалад
la confiture

нуга крем
la crème de nougat

къри
le cari

ядене - les aliments

селски двор
la ferme

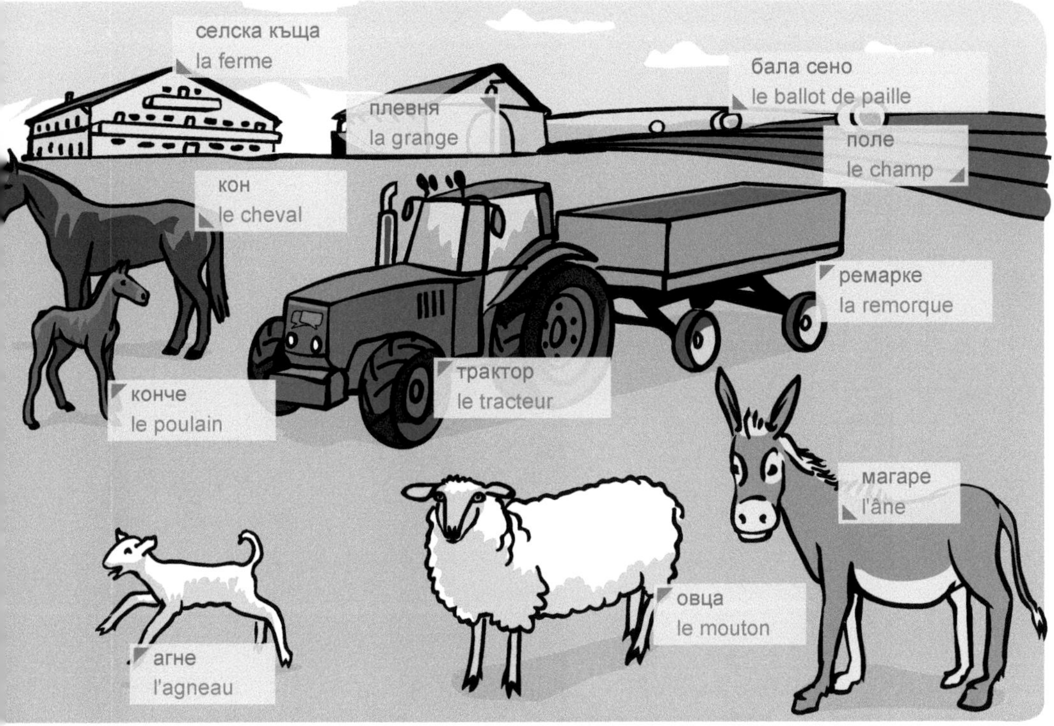

селска къща
la ferme

плевня
la grange

бала сено
le ballot de paille

поле
le champ

кон
le cheval

ремарке
la remorque

конче
le poulain

трактор
le tracteur

магаре
l'âne

овца
le mouton

агне
l'agneau

коза
la chèvre

крава
la vache

теле
le veau

свиня
le porc

прасенце
le porcelet

бик
le taureau

гъска
l'oie

патица
le canard

пиленце
le poussin

кокошка
la poule

петел
le coq

плъх
le rat

котка
le chat

мишка
la souris

вол
le bœuf

куче
le chien

кучешка колиба
la niche

градински маркуч
le tuyau d'arrosage

лейка
l'arrosoir

коса
la faux

плуг
la charrue

селски двор - la ferme

сърп
la faucille

мотика
la binette

вила за тор
la fourche à foin

брадва
la hache

ръчна количка
la brouette

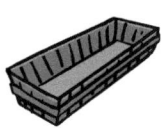

корито
l'auge

съд за мляко
le pot à lait

чувал
le grand sac

ограда
la clôture

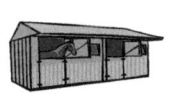

обор
l'écurie

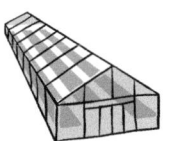

парник
la serre

земя
le sol

сеитба
les graines

тор
l'engrais

комбайн
la moissonneuse-batteuse

жъна
récolter

реколта
la récolte

ямс
l'igname

жито
le blé

соя
le soja

картоф
la pomme de terre

царевица
le maïs

рапица
la graine de colza

овощно дърво
l'arbre fruitier

маниока
le manioc

зърнени храни
les grains

къща
la maison

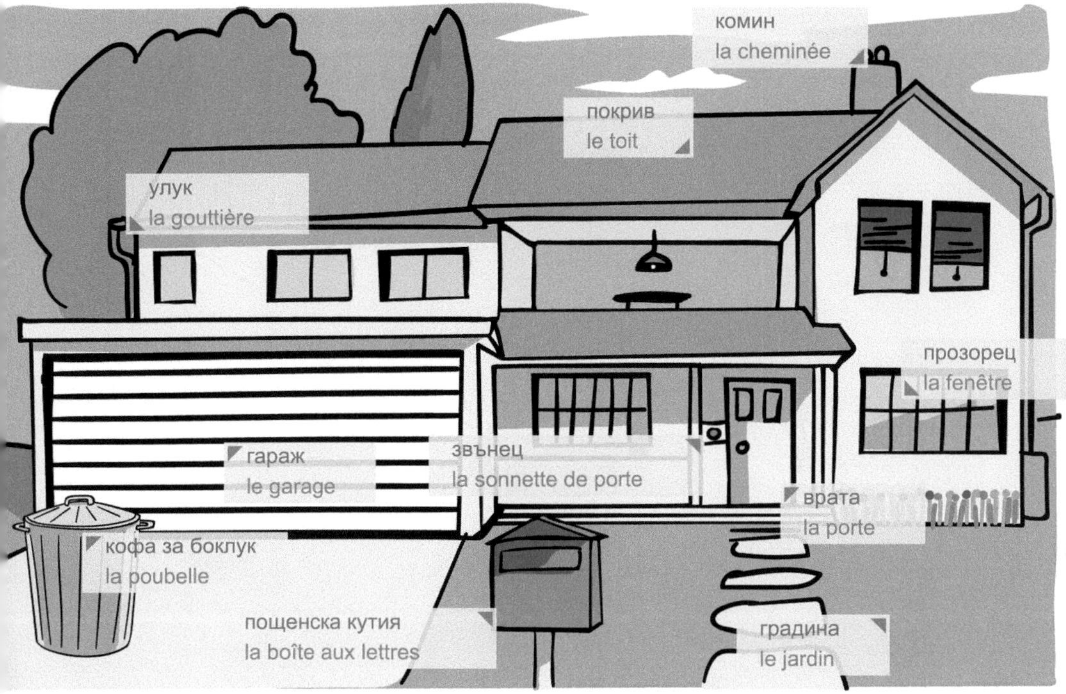

- комин — la cheminée
- покрив — le toit
- улук — la gouttière
- прозорец — la fenêtre
- гараж — le garage
- звънец — la sonnette de porte
- врата — la porte
- кофа за боклук — la poubelle
- пощенска кутия — la boîte aux lettres
- градина — le jardin

всекидневна
la salle de séjour

баня
la salle de bains

кухня
la cuisine

спалня
la chambre à coucher

детска стая
la chambre d'enfant

трапезария
la salle à manger

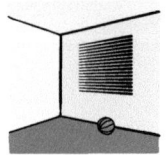

под

le plancher

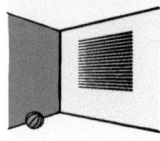

стена

le mur

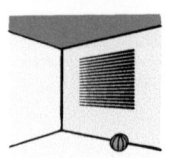

таван

le plafond

изба

le cellier

сауна

le sauna

балкон

le balcon

тераса

la terrasse

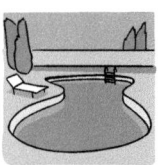

плувен басейн

la piscine

косачка

la tondeuse à gazon

спално бельо

le drap

покривка за легло

le jeté de lit

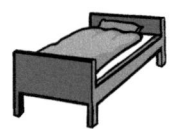

легло

le lit

метла

le balai

кофа

le seau

електрически ключ

l'interrupteur

къща - la maison

всекидневна
la salle de séjour

- тапет — le papier peint
- картина — le tableau
- лампа — la lampe
- рафт — l'étagère
- шкаф — l'armoire
- камина — le foyer
- телевизор — la télévision
- цвете — la fleur
- възглавница — le coussin
- ваза — le vase
- канапе — le sofa
- дистанционно управление — la télécommande

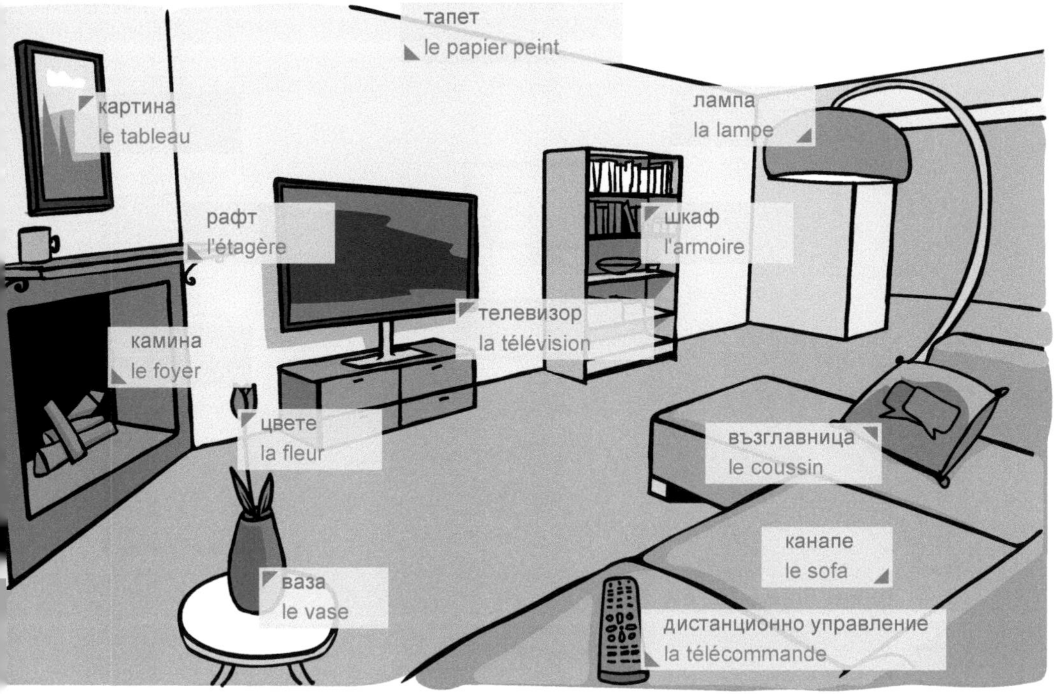

килим
le tapis

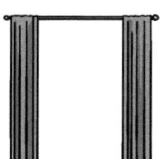

завеса
le rideau

маса
la table

стол
la chaise

люлеещ се стол
la berceuse

кресло
le fauteuil

всекидневна - la salle de séjour

книга
le livre

одеяло
la couverte

декорация
la décoration

дърва за отопление
le bois de chauffage

филм
le film

стерео уредба
la chaîne hi-fi

ключ
la clé

вестник
le journal

живопис
la peinture

постер
l'affiche

радио
la radio

бележник
le bloc-notes

прахосмукачка
l'aspirateur

кактус
le cactus

свещ
la chandelle

всекидневна - la salle de séjour

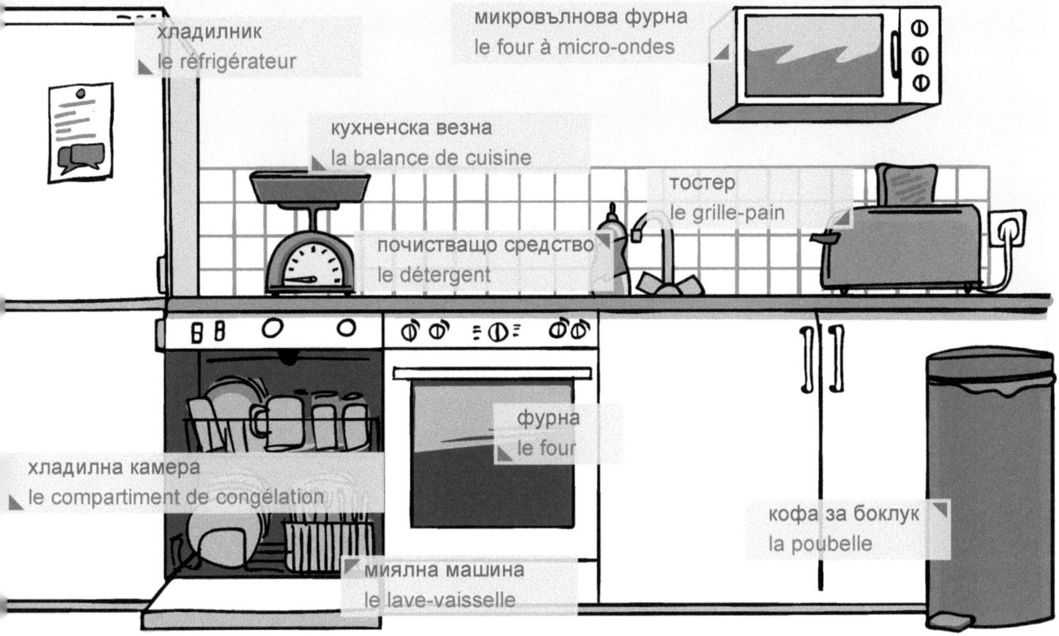

кухня
la cuisine

- хладилник — le réfrigérateur
- микровълнова фурна — le four à micro-ondes
- кухненска везна — la balance de cuisine
- тостер — le grille-pain
- почистващо средство — le détergent
- фурна — le four
- хладилна камера — le compartiment de congélation
- кофа за боклук — la poubelle
- миялна машина — le lave-vaisselle

готварска печка

la cuisinière

тенджера

la marmite

желязна тенджера

la cocotte en fonte

уок / кадаи

le wok/kadai

тиган

la poêle

кана за затопляне на вода

la bouilloire

уред за готвене на пара
le cuiseur à vapeur

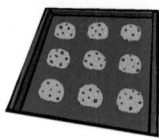
тава за печене
la plaque à patisserie

съдове
la vaisselle

чаша
la grande tasse

купа
le bol

клечки за хранене
les baguettes

черпак
la louche

лопатка за тиган
la spatule

тел за разбиване (на яйца, белтъци)
le fouet

кошница за варене
la passoire

гевгир
le tamis

ренде
la râpe

хаван
le mortier

барбекю
le barbecue

огнище
le foyer

кухня - la cuisine

дъска

la planche à découper

точилка

le rouleau à pâtisserie

тирбушон

le tire-bouchon

кутия

la boîte à conserves

отварачка за консерви

l'ouvre-boîte

кухненска ръкохватка

la mitaine de four

мивка

l'évier

четка

la brosse

гъба

l'éponge

миксер

le mélangeur

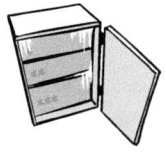

фризер

le congélateur

бебешко шише

le biberon

воден кран

le robinet

кухня - la cuisine 37

баня
la salle de bains

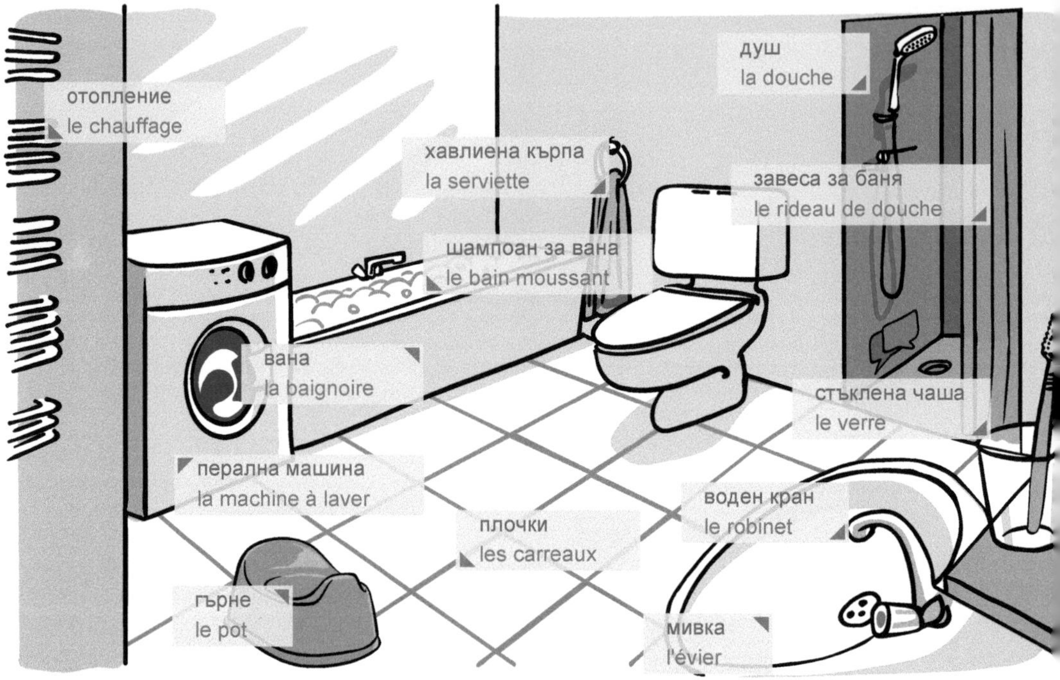

- отопление / le chauffage
- хавлиена кърпа / la serviette
- душ / la douche
- шампоан за вана / le bain moussant
- завеса за баня / le rideau de douche
- вана / la baignoire
- стъклена чаша / le verre
- перална машина / la machine à laver
- плочки / les carreaux
- воден кран / le robinet
- гърне / le pot
- мивка / l'évier

тоалетна
la toilette

клекало
la toilette turque

биде
le bidet

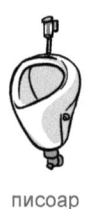

писоар
l'urinoir

тоалетна хартия
le papier hygiénique

четка за тоалетна
la brosse à toilette

четка за зъби
la brosse à dents

паста за зъби
le dentifrice

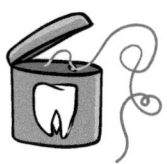

конец за зъби
la soie dentaire

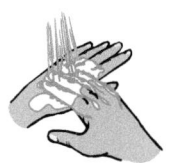

мия
laver

ръчен душ
la douchette

интимен душ
la douche vaginale

леген
la cuvette

четка за гръб
la brosse pour le dos

сапун
le savon

душ гел
le gel douche

шампоан за вана
le shampooing

гъба за баня
la débarbouillette

сифон
le drain

крем
la crème

дезодорант
le déodorant

баня - la salle de bains

огледало
le miroir

козметично огледало
le miroir à main

ръчна самобръсначка
le rasoir

пяна за бръснене
la mousse à raser

одеколон за след бръснене
l'après-rasage

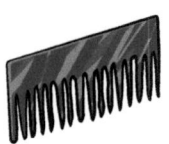

гребен
le peigne

четка
la brosse

сешоар
le sèche-cheveux

спрей за коса
la laque

грим
le maquillage

червило
le rouge à lèvres

лак за нокти
le vernis à ongles

памук
l'ouate

ножица за нокти
les ciseaux à ongles

парфюм
le parfum

40 баня - la salle de bains

тоалетна чантичка

la trousse de toilette

табуретка

le tabouret

везна

le pèse-personne

хавлия

le peignoir

домакински ръкавици

les gants de caoutchouc

тампон

le tampon

дамски превръзки

les serviettes hygiéniques

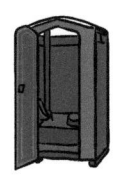

химическа тоалетна

la toilette chimique

баня - la salle de bains

детска стая
la chambre d'enfant

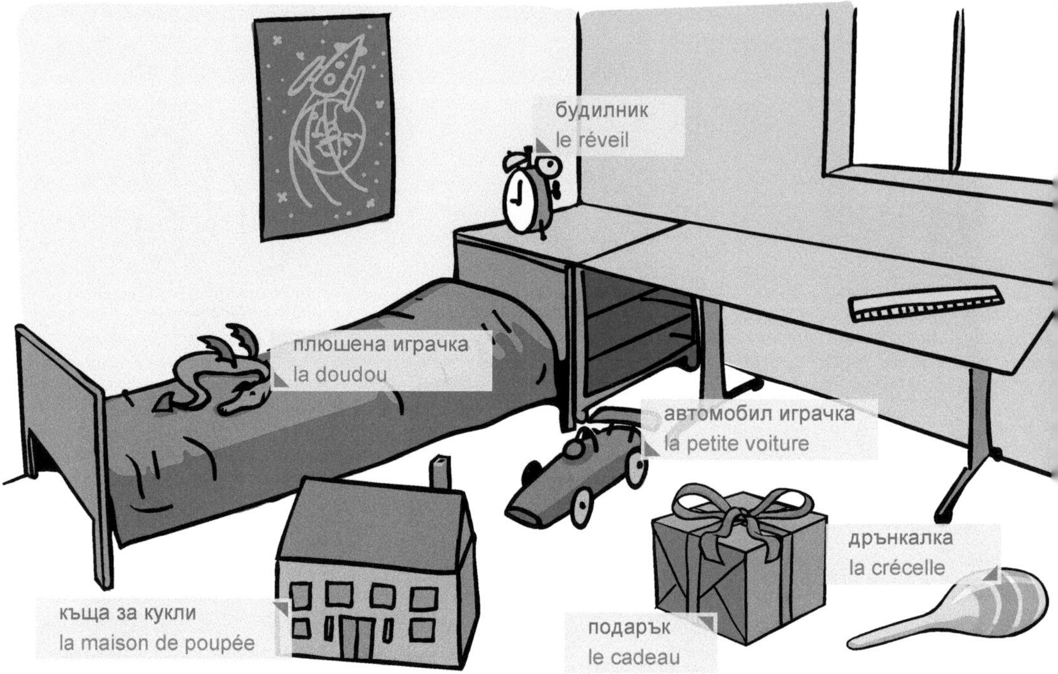

будилник
le réveil

плюшена играчка
la doudou

автомобил играчка
la petite voiture

дрънкалка
la crécelle

къща за кукли
la maison de poupée

подарък
le cadeau

балон
le ballon

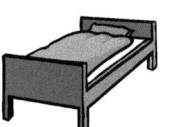

легло
le lit

детска количка
le landau

игра на карти
le jeu de cartes

пъзел
le casse-tête

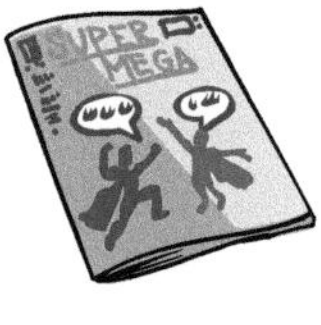

комикс
la bande dessinée

лего елементи
les blocs LEGO

строителни елементи
le jeu de briques

екшън фигурка
la figurine articulée

бебешки гащеризон
la dormeuse

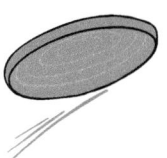

фрисби
le disque volant

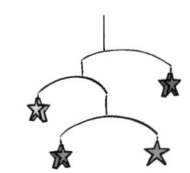

бебешки играчки за легло
le mobile

настолна игра
le jeu de société

зарче
le dé

миниатюрно влакче
l'ensemble de modèles de train

биберон
le mannequin

парти
la fête

детска книга с илюстрации
le livre d'images

топка
la balle

кукла
la poupée

играя
jouer

детска стая - la chambre d'enfant

пясъчник
le bac à sable

люлка
la balançoire

играчка
les jouets

игрова конзола
la console de jeu vidéo

велосипед с три колелета
le tricycle

плюшено мече
l'ours en peluche

гардероб
la garde-robe

облекло
les vêtements

къси чорапи
les chaussettes

дълги чорапи
les bas

чорапогащник
le collant

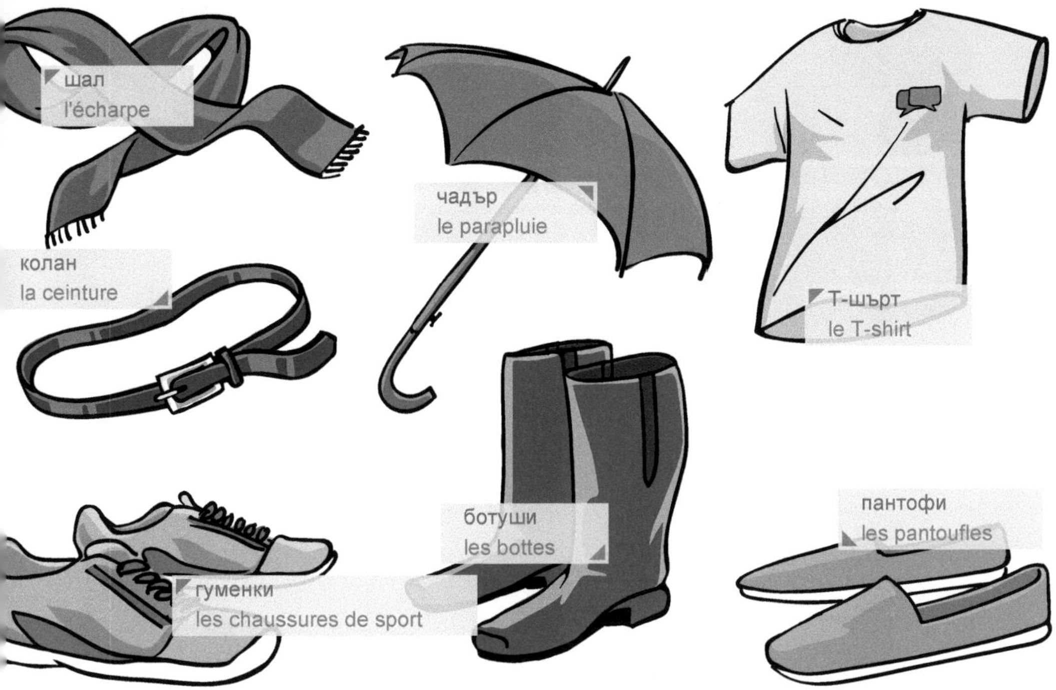

шал
l'écharpe

чадър
le parapluie

Т-шърт
le T-shirt

колан
la ceinture

ботуши
les bottes

пантофи
les pantoufles

гуменки
les chaussures de sport

сандали
les sandales

обувки
les souliers

гумени ботуши
les bottes de caoutchouc

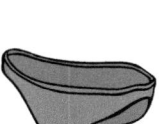

слип
les sous-vêtements

сутиен
le soutien-gorge

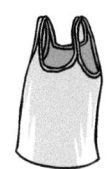

долна блуза
le gilet

облекло - les vêtements

боди

le body

панталон

le pantalon

дънки

le jean

пола

la jupe

блуза

le chemisier

риза

la chemise

пуловер

le chandail

суичър

le chandail à capuche

блейзър

le blazer

яке

la veste

палто

le manteau

дъждобран

le manteau de pluie

костюм

le complet

рокля

la robe

булчинска рокля

la robe de mariée

костюм
le tailleur

нощница
la chemise de nuit

пижама
le pyjama

сари
le sari

кърпа за глава
le foulard

тюрбан
le turban

бурка
la burqa

кафтан
le cafetan

абая
l'abaya

бански костюм
le maillot de bain

плувни шорти
le maillot short

къс панталон
la culotte courte

анцуг
le survêtement

престилка
le tablier

ръкавици
les mitaines

облекло - les vêtements

копче
le bouton

очила
les lunettes

гривна
le bracelet

верижка
le collier

пръстен
la bague

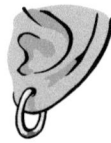

обеца
la boucle d'oreille

каскет
la tuque

закачалка
le cintre

шапка
le chapeau

вратовръзка
la cravate

цип
la fermeture à glissière

каска
le casque

тиранти
les bretelles

ученическа униформа
l'uniforme scolaire

униформа
l'uniforme

облекло - les vêtements

лигавник
le bavoir

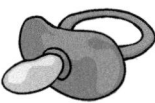
биберон
le mannequin

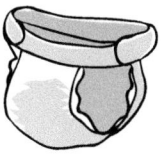
пелена
la couche

офис
le bureau

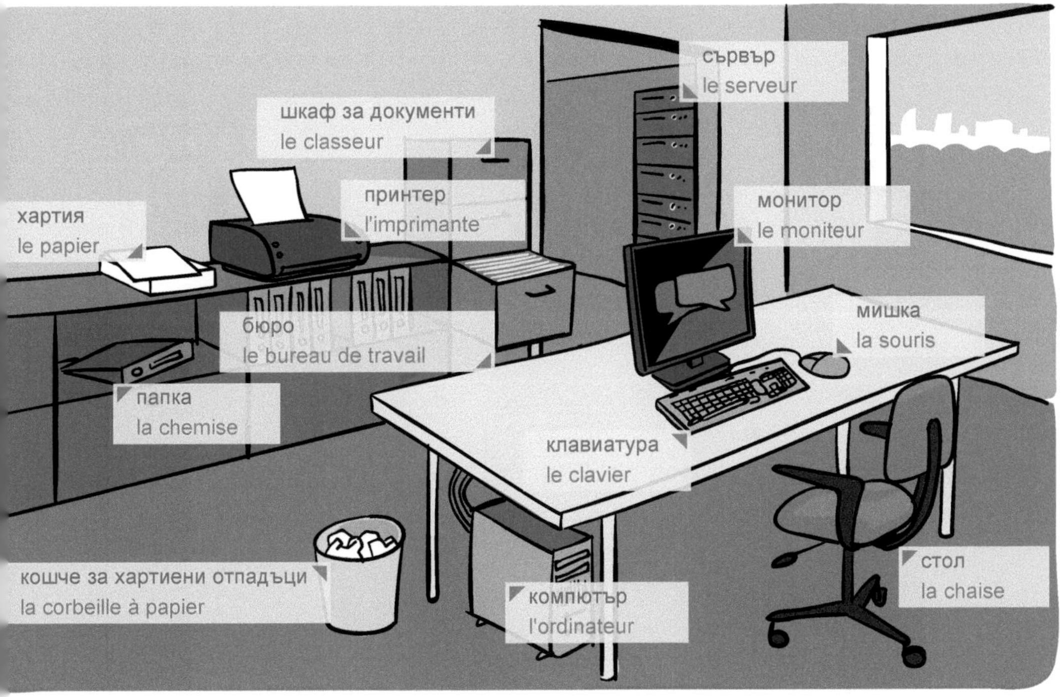

- сървър — le serveur
- шкаф за документи — le classeur
- принтер — l'imprimante
- монитор — le moniteur
- хартия — le papier
- бюро — le bureau de travail
- мишка — la souris
- папка — la chemise
- клавиатура — le clavier
- кошче за хартиени отпадъци — la corbeille à papier
- компютър — l'ordinateur
- стол — la chaise

чаша за кафе
la grande tasse à café

джобен калкулатор
la calculatrice

интернет
l'Internet

лаптоп
l'ordinateur portable

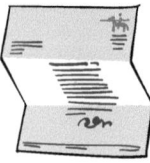

писмо
la lettre

съобщение
le message

мобилен телефон
le téléphone cellulaire

мрежа
le réseau

ксерокс
le photocopieur

софтуер
le logiciel

телефон
le téléphone

контакт
la prise de courant

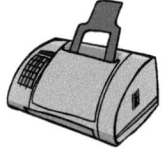

факс
le télécopieur

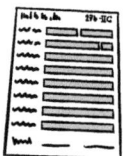

формуляр
le formulaire

документ
le document

офис - le bureau

икономика
l'économie

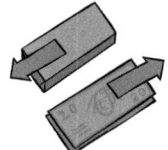
купувам
acheter

плащам
payer

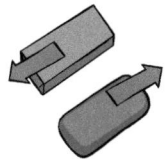
търгувам
commercer

пари
l'argent

долар
le dollar

евро
l'euro

йена
le yen

рубла
le rouble

швейцарски франк
le franc suisse

ренминби юан
le renminbi yuan

рупия
la roupie

банкомат
le distributeur de billets

обменно бюро

le bureau de change

злато

l'or

сребро

l'argent

нефт

le pétrole

енергия

l'énergie

цена

le prix

договор

le contrat

данък

la taxe

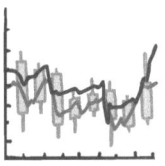

акция

les actions

работя

travailler

служител

l'employé

работодател

l'employeur

фабрика

l'usine

магазин за цветя

le magasin

икономика - l'économie

професии
les professions

полицай — l'agent de police

пожарникар — le pompier

готвач — le cuisinier

лекар — le docteur

пилот — le pilote

градинар

le jardinier

мебелист

le charpentier

шивачка

le couturier

съдия

le juge

химик

le pharmacien

артист

l'acteur

шофьор на автобус
le chauffeur d'autobus

шофьор на такси
le chauffeur de taxi

рибар
le pêcheur

чистачка
la femme de ménage

майстор на покриви
le couvreur

келнер
le serveur

ловец
le chasseur

художник
le peintre

хлебар
le boulanger

електротехник
l'électricien

строителен работник
le constructeur de bâtiments

инженер
l'ingénieur

касапин
le boucher

тенекеджия
le plombier

пощальон
le facteur

професии - les professions

войник

le soldat

архитект

l'architecte

касиер

le caissier

цветар

le fleuriste

фризьор

le coiffeur

кондуктор

le chef de train

механик

le mécanicien

капитан

le capitaine

зъболекар

le dentiste

научен работник

le scientifique

равин

le rabbin

имàм

l'imam

монах

le moine

свещеник

l'ecclésiastique

професии - les professions

инструменти
les outils

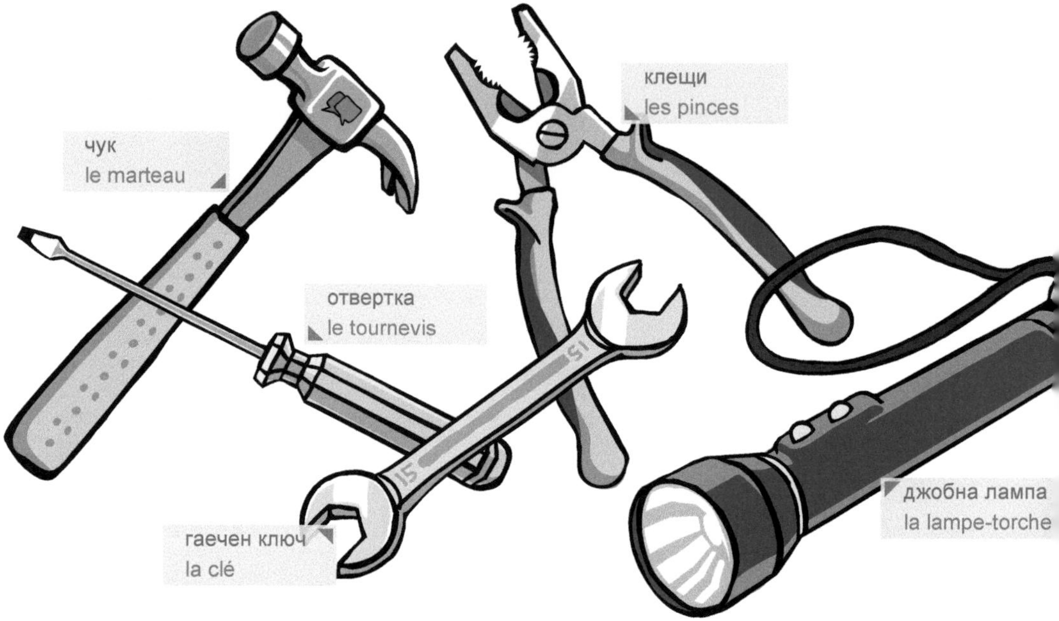

чук
le marteau

клещи
les pinces

отвертка
le tournevis

гаечен ключ
la clé

джобна лампа
la lampe-torche

багер
l'excavatrice

кутия за инструменти
la boîte à outils

стълба
l'échelle

трион
la scie

пирони
les clous

бормашина
la perceuse

ремонтирам
réparer

лопата
la pelle

По дяволите!
Tabarnouche !

лопатка за смет
la pelle à poussière

кутия за боя
le pot de peinture

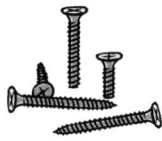
болтове
les vis

музикални инструменти
les instruments de musique

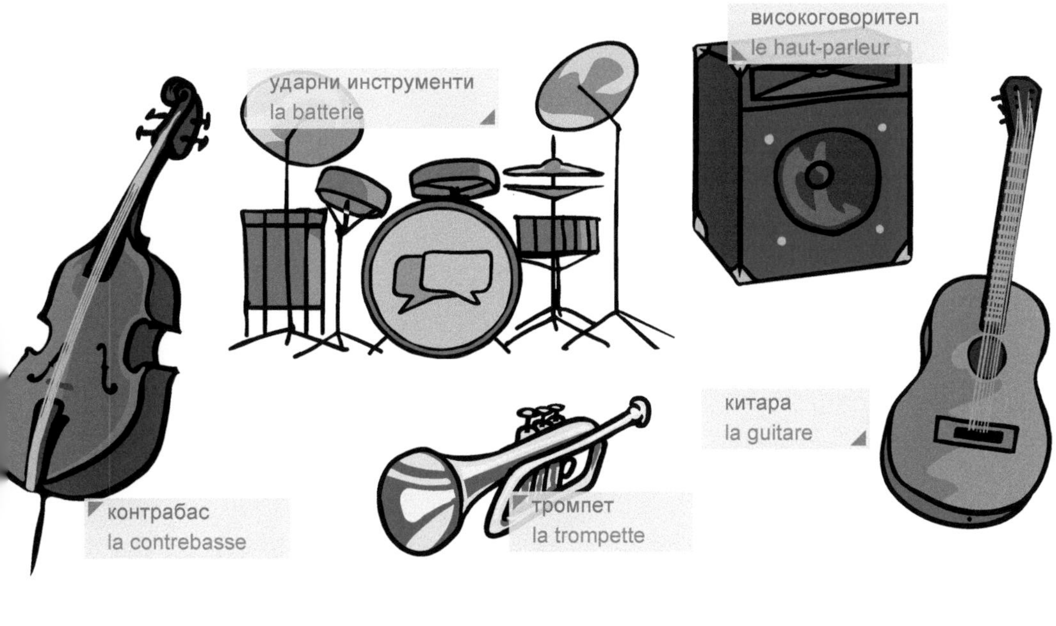

ударни инструменти
la batterie

високоговорител
le haut-parleur

контрабас
la contrebasse

тромпет
la trompette

китара
la guitare

пиано

le piano

виолина

le violon

контрабас

la basse

тимпан

les timbales

барабан

le tambour

електрическо пиано

le synthétiseur

саксофон

le saxophone

флейта

la flûte

микрофон

le microphone

музикални инструменти - les instruments de musique

зоологическа градина
le zoo

тигър
le tigre

бръмбар
la cage

зебра
le zèbre

храна за животни
la nourriture pour animaux

вход
l'entrée

панда
le panda

животни

les animaux

слон

l'éléphant

кенгуру

le kangourou

носорог

le rhinocéros

горила

le gorille

мечка

l'ours

камила

le chameau

щраус

l'autruche

лъв

le lion

маймуна

le singe

фламинго

le flamand rose

папагал

le perroquet

бяла мечка

l'ours polaire

пингвин

le pingouin

акула

le requin

паун

le paon

змия

le serpent

крокодил

le crocodile

пазач в зоологическа градина

le gardien de zoo

тюлен

le phoque

ягуар

le jaguar

зоологическа градина - le zoo

пони
le poney

леопард
le léopard

хипопотам
l'hippopotame

жираф
la girafe

орел
l'aigle

диво прасе
le sanglier

риба
le poisson

костенурка
la tortue

морж
le morse

лисица
le renard

газела
la gazelle

зоологическа градина - le zoo

спорт
les sports

дейности
les activités

скачам — sauter
прегръщам — serrer dans les bras
смея се — rire
вървя — marcher
пея — chanter
моля се — prier
целувам — embrasser
сънувам — rêver

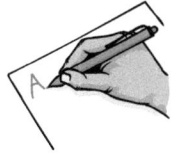

пиша
écrire

рисувам
dessiner

показвам
montrer

бутам
pousser

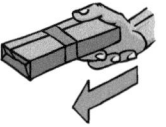

давам
donner

взимам
prendre

имам
avoir

правя
faire

съм
être

стоя
être debout

тичам
courir

дърпам
tirer

хвърлям
jeter

падам
tomber

лежа
s'allonger

чакам
attendre

нося
porter

седя
s'asseoir

обличам
s'habiller

спя
dormir

събуждам се
se réveiller

дейности - les activités

разглеждам

regarder

плача

pleurer

милвам

caresser

реша се

peigner

говоря

parler

разбирам

comprendre

питам

demander

слушам

écouter

пия

boire

ям

manger

разтребвам

ranger

обичам

aimer

готвя

cuisiner

карам автомобил

conduire

летя

voler

дейности - les activités

плавам (с платна)
faire de la voile

смятане
calculer

чета
lire

уча
apprendre

работя
travailler

женя се
se marier

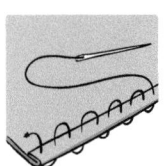

шия
coudre

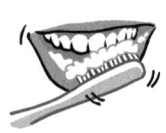

измивам си зъбите
brosser les dents

убивам
tuer

пуша
fumer

изпращам
envoyer

семейство
la famille

баба
grand-mère

дядо
le grand-père

баща
le père

майка
la mère

бебе
le bébé

дъщеря
la fille

син
le fils

посетител

l'invité

леля

la tante

чичо

l'oncle

брат

le frère

сестра

la sœur

семейство - la famille

тяло
le corps

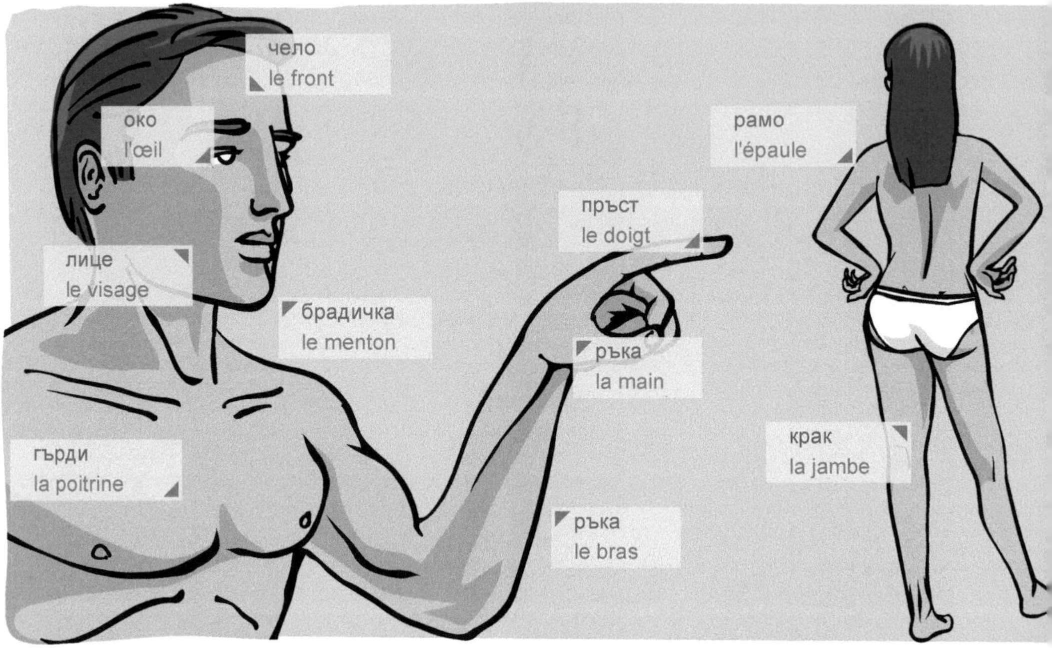

- чело — le front
- око — l'œil
- лице — le visage
- брадичка — le menton
- гърди — la poitrine
- рамо — l'épaule
- пръст — le doigt
- ръка — la main
- ръка — le bras
- крак — la jambe

бебе
le bébé

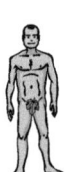

мъж
l'homme

жена
la femme

момиче
la fille

момче
le garçon

глава
la tête

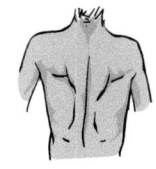

гръб
le dos

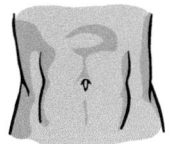

корем
le ventre

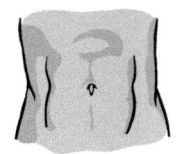

пъп
le nombril

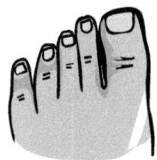

пръст на крака
l'orteil

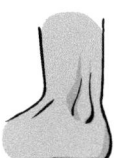

пета
le talon

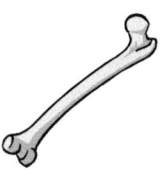

кост
l'os

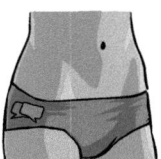

хълбок
la hanche

коляно
le genou

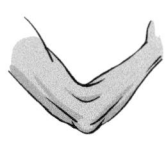

лакът
le coude

нос
le nez

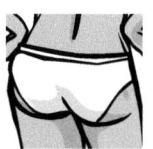

седалище
le derrière

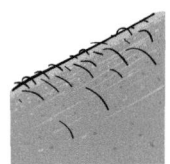

кожа
la peau

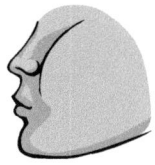

буза
la joue

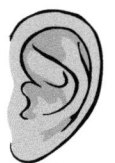

ухо
l'oreille

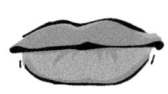

устна
la lèvre

тяло - le corps

уста

la bouche

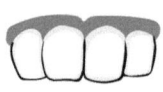

зъб

la dent

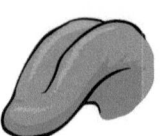

език

la langue

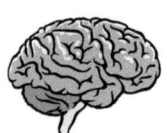

мозък

le cerveau

сърце

le cœur

мускул

le muscle

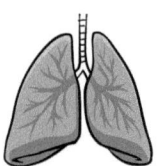

бял дроб

les poumons

черен дроб

le foie

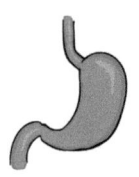

стомах

l'estomac

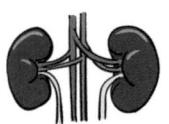

бъбреци

les reins

полово сношение

le rapport sexuel

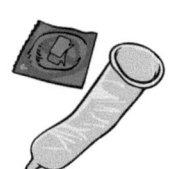

кондом

le condom

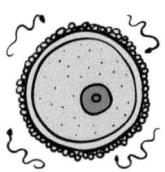

яйцеклетка

l'ovule

сперма

le sperme

бременност

la grossesse

тяло - le corps

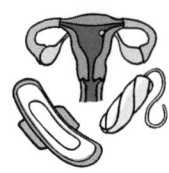

менструация
la menstruation

вагина
le vagin

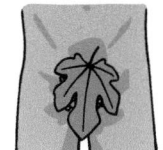

пенис
le pénis

вежда
le sourcil

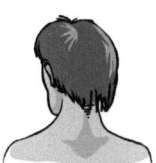

коса
les cheveux

шия
le cou

болница
l'hôpital

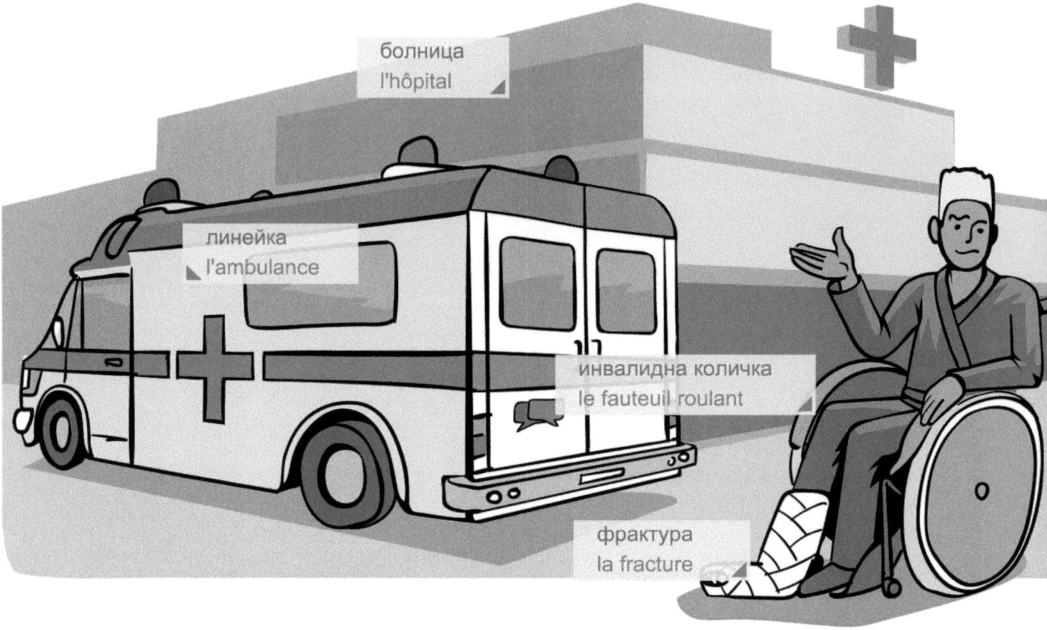

болница / l'hôpital

линейка / l'ambulance

инвалидна количка / le fauteuil roulant

фрактура / la fracture

лекар

le docteur

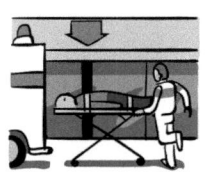

спешна хоспитализация

la salle des urgences

медицинска сестра

l'infirmier

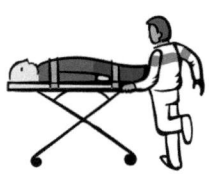

спешен случай

l'urgence

в безсъзнание

inconscient

болка

la douleur

нараняване
la blessure

кървене
le saignement

инфаркт
la crise cardiaque

инсулт
l'AVC

алергия
l'allergie

кашлица
la toux

температура
la fièvre

грип
la grippe

диария
la diarrhée

главоболие
le mal de tête

рак
le cancer

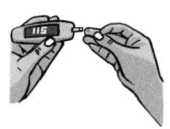

диабет
le diabète

хирург
le chirurgien

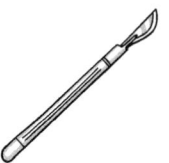

скалпел
le scalpel

операция
l'opération

болница - l'hôpital

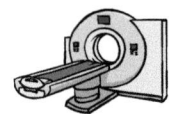

компютърна томография
la tomodensitométrie

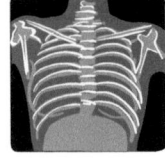

рентген
la radiographie

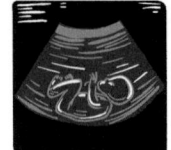

ултразвук
l'ultrason

маска
le masque

болест
la maladie

чакалня
la salle d'attente

патерица
la béquille

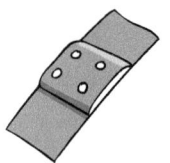

пластир
le sparadrap

превръзка
le bandage

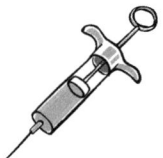

инжекция
l'injection

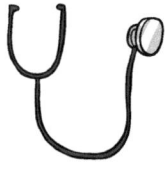

стетоскоп
le stéthoscope

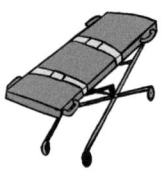

носилка
le brancard

термометър
le thermomètre médical

раждане
l'accouchement

наднормено тегло
l'excès de poids

слухов апарат
l'appareil auditif

дезинфекционно средство
le désinfectant

инфекция
l'infection

вирус
le virus

HIV / AIDS
le VIH/ le sida

медицина
le médicament

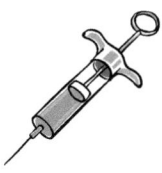
ваксинация
la vaccination

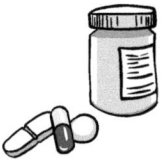
таблети
les comprimés

противозачатъчна таблетка
la pilule

спешно телефонно обаждане
l'appel d'urgence

апарат за измерване на кръвното налягане
le tensiomètre

болен / здрав
malade / en bonne santé

болница - l'hôpital

спешен случай
l'urgence

Помощ!
Au secours !

сигнал за тревога
l'alarme

нападение
l'assaut

атака
l'attaque

опасност
le danger

авариен изход
la sortie de secours

Пожар!
Au feu!

пожарогасител
l'extincteur

злополука
l'accident

комплект за оказване на първа помощ
la trousse de premiers soins

SOS
SOS

полиция
la police

Земя
la Terre

Европа

l'Europe

Северна Америка

l'Amérique du Nord

Южна Америка

l'Amérique du Sud

Африка

l'Afrique

Азия

l'Asie

Австралия

l'Australie

Атлантически океан

l'océan Atlantique

Тихи океан

l'océan Pacifique

Индийски океан

l'océan Indien

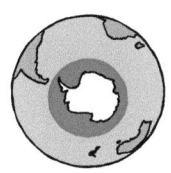

Южен ледовит океан

l'océan Antarctique

Северен ледовит океан

l'océan Arctique

Северен полюс

le Pôle Nord

Южен полюс
le Pôle Sud

Антарктида
l'Antarctique

Земя
la Terre

суша
la terre

море
la mer

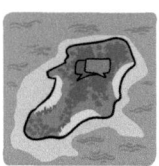

остров
l'île

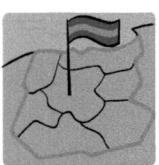

нация
la nation

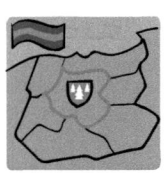

държава
l'État

Земя - la Terre

часовник
l'heure

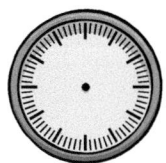

циферблат

le cadran

стрелка на часовете

l'aiguille des heures

стрелка на минутите

l'aiguille des minutes

стрелка на секундите

l'aiguille des secondes

Колко е часът?

Quelle heure est-il ?

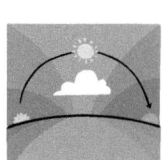

ден

le jour

време

le temps

сега

maintenant

дигитален часовник

la montre à affichage numérique

минута

la minute

час

l'heure

седмица
la semaine

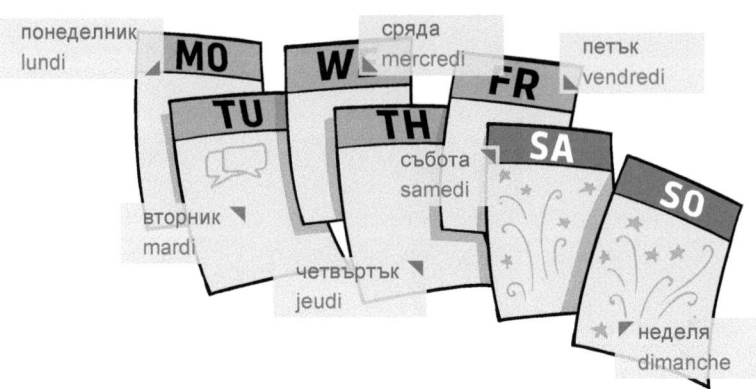

понеделник / lundi
сряда / mercredi
петък / vendredi
вторник / mardi
четвъртък / jeudi
събота / samedi
неделя / dimanche

вчера

hier

днес

aujourd'hui

утре

demain

сутрин

le matin

обед

le midi

вечер

le soir

работни дни

les jours ouvrables

уикенд

la fin de semaine

година

l'année

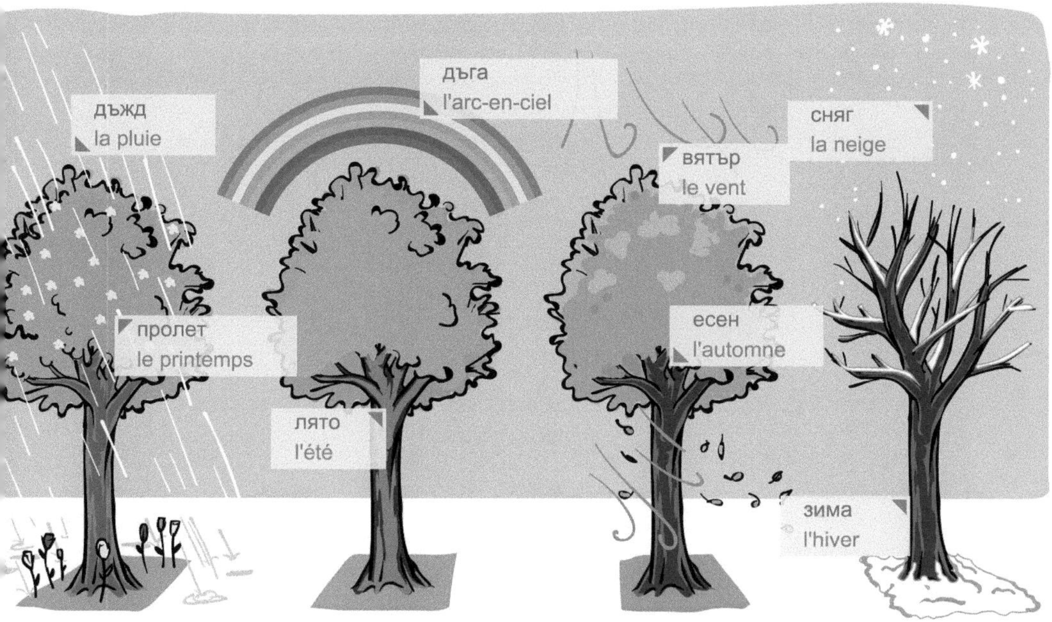

дъжд
la pluie
дъга
l'arc-en-ciel
сняг
la neige
вятър
le vent
пролет
le printemps
есен
l'automne
лято
l'été
зима
l'hiver

4.APRIL 11°
5.APRIL 4°
6.APRIL 13°
7.APRIL 8°
8.APRIL 10°

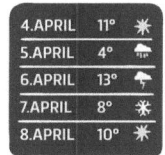

прогноза за времето

les prévisions météorologiques

F C
120 40
90 30
60 20
30 10
0 0
-30 -10
-20

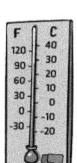

термометър

le thermomètre

слънчева светлина

les rayons du soleil

облак

le nuage

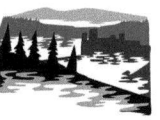

мъгла

le brouillard

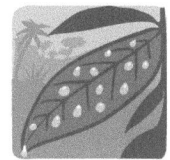

влажност на въздуха

l'humidité

светкавица
la foudre

гръмотевица
le tonnerre

буря
la tempête

градушка
la grêle

мусон
la mousson

наводнение
l'inondation

лед
la glace

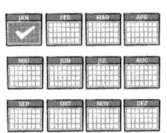

януари
janvier

февруари
février

март
mars

април
avril

май
mai

юни
juin

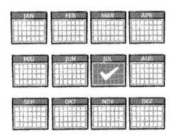

юли
juillet

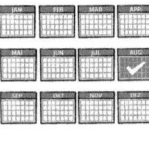

август
août

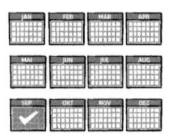
септември
septembre

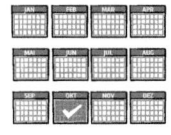
октомври
octobre

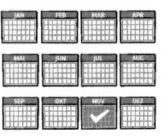
ноември
novembre

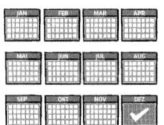
декември
décembre

форми
les formes

кръг
le cercle

квадрат
le carré

четириъгълник
le rectangle

триъгълник
le triangle

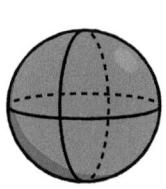
сфера
la sphère

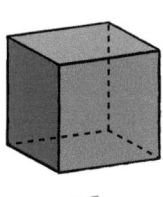
куб
le cube

цветове
les couleurs

бял
blanc

жълт
jaune

оранжев
orange

розов
rose

червен
rouge

лилав
violet

син
bleu

зелен
vert

кафяв
marron

сив
gris

черен
noir

противоположности
les opposés

много / малко
beaucoup / un peu

ядосан / спокоен
en colère / calme

красив / грозен
beau / laid

начало / край
le début / la fin

голям / малък
grand / petit

светъл / тъмен
lumineux / sombre

брат / сестра
le frère / la sœur

чист / мръсен
propre / sale

пълен / непълен
complet / incomplet

ден / нощ
le jour / la nuit

мъртъв / жив
mort / vivant

широк / тесен
large / étroit

ядлив / неядлив
comestible / non comestible

сърдит / любезен
méchant / gentil

развълнуван / скучаещ
être enthousiaste / s'ennuyer

дебел / тънък
gros / mince

най-напред / най-накрая
le premier / le dernier

приятел / враг
l'ami / l'ennemi

пълен / празен
plein / vide

твърд / мек
dur / mou

тежък / лек
lourd / léger

глад / жажда
faim / soif

болен / здрав
malade / en bonne santé

нелегален / легален
illégal / légal

интелигентен / глупав
intelligent / stupide

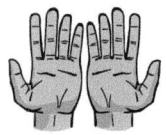
ляво / дясно
gauche / droite

близо / далече
proche / loin

противоположности - les opposés

нов / употребяван
neuf / usagé

нищо / нещо
rien / quelque chose

стар / млад
vieux / jeune

вкл. / изкл.
marche / arrêt

отворен / затворен
ouvert / fermé

тих / силен (звук)
calme / bruyant

богат / беден
riche / pauvre

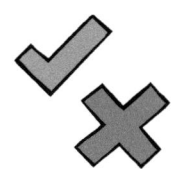

правилен / погрешен
correct / incorrect

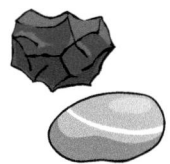

грапав / гладък
rugueux / lisse

тъжен / щастлив
triste / heureux

дълъг / къс
court / long

бавен / бърз
lent / rapide

мокър / сух
mouillé / sec

топъл / студен
chaud / froid

война / мир
la guerre / la paix

противоположности - les opposés

числа

les nombres

0

нула

zéro

1

едно

un

2

две

deux

3

три

trois

4

четири

quatre

5

пет

cinq

6

шест

six

7

седем

sept

8

осем

huit

9

девет

neuf

10

десет

dix

11

единадесет

onze

12

дванадесет

douze

13

тринадесет

treize

14

четиринадесет

quatorze

15

петнадесет

quinze

16

шестнадесет

seize

17

седемнадесет

dix-sept

18

осемнадесет

dix-huit

19

деветнадесет

dix-neuf

20

двадесет

vingt

100

сто

cent

1.000

хиляда

mille

1.000.000

милион

le million

числа - les nombres

езици

les langues

английски

l'anglais

американски английски

l'anglais américain

китайски мандарин

le chinois mandarin

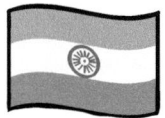

хинди

le hindi

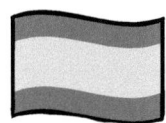

испански

l'espagnol

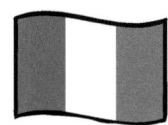

френски

le français

арабски

l'arabe

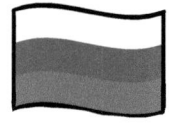

руски

le russe

португалски

le portugais

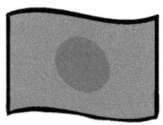

бенгалски

le bengali

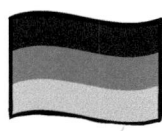

немски

l'allemand

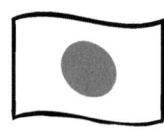

японски

le japonais

кой / какво / как
qui / quoi / comment

аз
je

ти
tu

той / тя / то
il / elle / ce, c', cela

ние
nous

вие
vous

те
ils / elles

кой?
qui ?

какво?
quoi ?

как?
comment ?

къде?
où ?

кога?
quand ?

име
le nom

къде
où

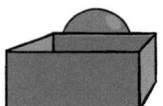

зад

derrière

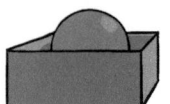

в

dans

пред

devant

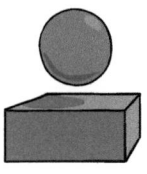

над

au-dessus

върху

sur

под

en dessous

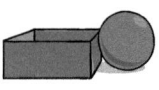

до

à côté de

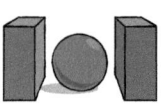

между

entre

място

l'endroit